SACRE
DE S. M. CHARLES X.

Description du Palais et de l'Eglise.

Reims, le 27 Mai 1825.

En avant du palais s'élève un porche d'ordre corinthien jusqu'à la hauteur de la toiture, qui se prolonge sur une large surface. On monte à ce porche par un escalier de vingt-deux marches, qui s'avance dans la seconde cour du palais. La façade, de cent trente pieds environ d'étendue, sur cinquante pieds de profondeur, est divisée en cinq arcades; elle présente une plate-forme couverte, coupée de deux rangs d'arcades, avec les ornemens les plus riches. Les fenêtres de la salle du festin royal, de forme gothique, dont les vitraux sont coloriés, donnent sur cette plateforme. Cette salle magnifique occupe toute la longueur de la façade; c'est un carré long. La voûte, très-élevée en forme d'ogive, est d'un bleu tendre parsemé d'étoiles; elle est traversée par neuf solives à baguettes d'or, à chacune desquelles sont suspendus deux lustres. Sept lustres plus élevés sont attachés à la voûte; de sorte que la salle sera éclairée par vingt-cinq grands lustres. A gauche en entrant dans le fond de la salle, s'élève une haute cheminée couverte d'écussons au dessus de laquelle est placée la statue de Saint-Remy. Plus bas, à droite et à gauche de Saint-Remy, on voit les portraits en pied de Clovis et de Hugues-Capet. Les autres portraits de tous les Rois de France qui ont été sacrés à Reims occupent toute la longueur de la salle dans l'ordre suivant : Philippe-Auguste, Saint Louis, Philippe V, Philippe VI, Charles VIII, Louis XII, François Ier, Louis XIII, Louis XIV, Louis XV. Les portraits de Louis XVI et de Charles X sont placés sur le côté qui fait face à la cheminée.

La galerie vitrée, où doit être dressée une table de 150 couverts, s'est formée comme par enchantement. Tous les ornemens d'un goût simple, qui ressortent sur un fond blanc et des draperies bleues, ont été posées en deux jours.

Cette galerie vitrée se trouve dans le prolongement de la grande galerie couverte qui conduit à la cathédrale : elle en est séparée par l'espace de 50 pieds environ.

En entrant dans la cathédrale, l'œil est d'abord frappé, ébloui par le magnifique jubé qui s'élève au milieu de la nef, et sur lequel est placé le trône du Roi. La corniche d'ordre corinthien est soutenue par vingt colonnes d'un fond bleu, couvert d'ornemens dorés, des attributs de la royauté. Aux quatre coins de la corniche sont placés des anges dorés. Le chapiteau est surmonté de la statue de la Religion, et d'un ange soutenant la couronne royale. Ce jubé resplendissant d'or, auquel on monte par un escalier de trente marches, est à jour; de sorte que de tous les points de la basilique on pourra voir le Roi sur son trône.

Deux rangs de tribunes ont été pratiquées de chaque côté de la nef. Les tribunes hautes, placées à la hauteur du jubé, sont ornées avec la plus grande magnificence. Des draperies de velours cramoisi, parsemées de fleurs de lis d'or, tombent de chaque côté; la draperie qui retombe sur le devant est couverte d'écussons aux armes de France, et au chiffre de Charles X. Les gradins, disposés en amphithéâtre, sont richement garnis. Le fond est de soie amaranthe. Chaque tribune est éclairée intérieurement par un lustre.

Le jubé est placé à cent cinquante pieds environ du portail. On passe dessous pour entrer dans le chœur.

On ne peut se faire une idée de la richesse et de la magnificence des décorations. Le sanctuaire est tout rayonnant d'or. Les piliers, revêtus de boiseries, sont couverts de riches ornemens gothiques. Au dessus de chaque tribune sont peints les Rois de France assis sur leur trône; plus haut les portraits des évêques; et dans les niches supérieures sont figurées les statues des villes de France.

Le chœur et le sanctuaire sont éclairés par trente-quatre grands lustres, indépendamment des candélabres qui sont attachés à chaque pilier.

Camp de Reims.

Les promenades au camp de Saint-Léonard sont très-suivies; on s'y rend en calèche, à cheval, et le plus grand nombre à pied, attirés par la nouveauté du spectacle que présente aux Rémois un campement sous les murs de leur ville.

Il n'y a que l'infanterie qui soit campée. La cavalerie est cantonnée dans les villages voisins.

En sortant de la porte qui conduit à Châlons, à droite de la route, le long de la rivière de Vesle, on aperçoit, de la hauteur du moulin, dans une plaine spacieuse, toutes ces tentes qui se prolongent à perte de vue, sur un carré de 1,490 mètres de longueur, et de 750 mètres de largeur.

On est étonné, à la vue de ce camp, que les soldats soient en si peu de temps parvenus à l'embellir comme s'ils l'occupaient depuis un mois. Les larges chemins qui séparent les tentes alli-

gnées de chaque côté, sont aplanis, sablés et bordés de gazons.
Sur la lizière du camp, de jolis parterres tracés avec beaucoup
de régularité, offrent mille formes diverses. Chaque régiment a
son drapeau planté sur un tertre de gazon, entouré d'un parterre fleuri.

On éprouve un vif plaisir à voir ces braves militaires tracer
sur le sable, avec la pointe de leurs baïonnettes, le chiffre de
leur Roi, et les noms qui sont chers à tous les cœurs français.
Ici se dessinent en bluets les noms de Mme la Dauphine, de
MADAME, duchesse de Berry, de MADEMOISELLE; là se relèvent
en gazon ou en mousse, sur un fond sablé, les noms de Charles X,
de M. le Dauphin et du duc de Bordeaux.

Un parterre qui se fait surtout remarquer est celui où le chiffre
de Charles X paraît entre deux sabres en croix, et autour du-
quel on lit : *Vive le Roi Charles X! Vivre pour le servir;
mourir pour le défendre!*

Le corps du génie a figuré, en avant de ses tentes, des fortifi-
cations en gazon, parfaitement exécutées; l'artillerie a dessiné
sur une butte, avec des bluets et des coquelicots, un canonnier
qui met le feu à sa pièce.

Pendant que ces braves se livrent avec ardeur à ces ingénieux
travaux, qui sont l'image des sentimens d'amour et de fidélité qui
les animent, la musique des divers régimens, placée au centre du
camp, en face de la grande tente, exécute les airs chéris des
Français.

Les troupes du camp, qui forment dix mille hommes, sont com-
mandées par M. le lieutenant-général Lion, qui a sous ses ordres
les généraux Delcambre, Watier et Piquet du Boisguy, comman-
dant l'infanterie, la cavalerie et l'artillerie.

Le 28 Mai.

ARRIVÉE DE S. M. A REIMS.

Ce matin, le Roi, accompagné de M. le Dauphin et de sa suite,
est allé de Fismes à Tinqueux. Les Princes de la Famille
royale y attendaient S. M.

A la descente de Fismes, au moment où les batteries de l'artillerie de la garde, qui étaient placées dans un vallon sur la gauche
de la route, firent feu, les chevaux de la voiture où étaient MM.
les ducs d'Aumont et Damas, les comtes de Cossé et Curial, se
sont effrayés et ont pris le mors aux dents. La voiture a été
brisée; M. le comte Curial a eu deux côtes cassées et l'oreille
droite coupée par les glaces des stores; M. le duc de Damas a
été dangereusement blessé : ils ont été transportés à Fismes, où
ils ont été confiés à un des médecins et à M. Dupuytren, premier

premier chirurgien du Roi. M. de Cossé a une forte contusion à la tête; mais il a continué le voyage.

S. M. a couru elle-même un assez grand danger. Un écho très-sonore ayant doublé le bruit du canon, les chevaux de sa voiture se sont emportés, et on n'est parvenu que très difficilement à les dompter.

S. M., vivement affectée de l'événement malheureux dont elle avait été le témoin, a oublié qu'elle avait failli en être elle-même la victime, et a témoigné le plus touchant intérêt à M. le duc d'Aumont, à MM. de Damas et Curial. Elle n'a consenti à se remettre en route pour Tinqueux qu'après s'être assurée qu'ils ne couraient point un imminent danger.

S. M. a trouvé Mgr le duc d'Orléans à Tinqueux, ainsi que Mgr le duc de Bourbon. Les carrosses de cérémonie de S. M., ceux de M. le Dauphin et des Princes du sang se trouvaient à Tinqueux, ainsi que les détachemens de la maison militaire du Roi, de la garde royale et de la troupe de ligne devant faire partie du cortége de S. M.

Dans le carrosse du Roi étaient M. le Dauphin et LL. AA. RR. Mgr. le duc d'Orléans et Mgr. le duc de Bourbon. En avant de celui-ci était le carrosse de S. M., où montèrent les personnes de sa maison que le Roi avait désignées. La haie sur le passage du Roi, depuis Tinqueux jusqu'à la ville de Reims, était bordée par la garde royale et la troupe de ligne.

À l'entrée de la ville de Reims se trouvaient les autorités civiles et militaires du département.

Le maire présenta les clefs au Roi, qui les prit et les remit à son capitaine des gardes.

Lorsque S. M. a passé l'arc-de-triomphe qui était à la porte de Tinqueux, le sous-préfet a harangué S. M. en ces termes:

« Sire, c'est dans les cantons où la France devient chrétienne, c'est au pied de l'autel où fut sacré Clovis, où les aïeux de V. M. ont reçu l'onction royale, que le Dieu de saint Louis semble se plaire à verser ses plus abondantes bénédictions sur les Rois que sa bonté nous donne. Du même autel aussi partent plus puissantes les inspirations d'amour dont sont animés les Français pour V. M. et pour son auguste Famille; ce sont surtout les habitans de Reims qui, placés à la source même de ces inspirations sacrées, y puisent les sentimens de fidélité et de respect qu'ils déposent par mon organe aux pieds de V. M. »

Le roi a témoigné toute la satisfaction que lui faisaient éprouver ces paroles. Les autorités civiles et militaires de Reims ont aussi harangué le Roi.

Depuis l'entrée de la ville jusqu'à l'église métropolitaine, le bruit d'un salve d'artillerie de cent un coups de canon et celui de toutes les cloches de la ville se sont fait entendre.

Le Roi s'est rendu directement à la cathédrale. S. M. a été reçue sous le dais, à la porte de l'église, par M. l'archevêque de Reims, vêtu pontificalement, et accompagné des évêques de Soissons, de Beauvais, de Châlons et d'Amiens, ses suffragans et tout le chapitre de son église.

M. l'Archevêque a alors présenté l'eau bénite et l'encens à S. M., qui s'est agenouillée sur un carreau; il a reçu des mains d'un chanoine le livre des Saints-Évangiles qu'il a donné à baiser au Roi.

S. M. s'étant relevée, après une courte prière, a été complimentée en ces termes par M. l'archevêque :

« Sire ;

« Aux vives acclamations de bonheur et d'amour qu'excite dans mon diocèse la présence d'un Roi, digne fils de Saint-Louis, et aux sincères expressions de la reconnaissance et de la fidélité de cette bonne ville si heureuse de se voir encore la ville du sacre, qu'il me soit permis d'ajouter les hommages et les vœux d'un chapitre aussi recommandable par la pureté de ses principes que par la solidité de ses vertus, et de tout un clergé qui connaît, qui aime et remplit ses devoirs.

« Quant à moi, Sire, j'ose me croire dispensé de manifester des sentimens qui, invariables comme mes principes, sont depuis long-temps connus de V. M.

« Mais, après avoir, comme un serviteur fidèle, pris part pendant une si longue suite d'années à tous les événemens de la ville de V. M. je dois aujourd'hui bénir hautement la divine Providence qui, dans une cérémonie si remarquable par toutes ses circonstances, m'a destiné à remplir, auprès de votre auguste personne la plus belle, la plus consolante des fonctions de mon saint ministère ; et je rends grâce à Dieu, la sagesse éternelle, de vous avoir inspiré, Sire, la grande et religieuse pensée de venir sanctifier la dignité de Roi par un acte solennel de religion, au pied du même autel où Clovis reçut l'onction sainte ; car dans tous les lieux soumis à votre puissance, Sire, tout vous fera assez entendre que vous êtes Roi, tandis qu'ici, dans ce temple, dans cette cité, berceau de la foi de vos pères, tout vous rappellera que vous êtes chrétien; tout vous dira que, pour votre bonheur comme pour le bonheur de vos peuples, et afin d'accomplir les desseins de Dieu en marchant sur les traces de tant de grands Rois dont, par le droit de votre naissance, vous portez la couronne ; oui, Sire, tout vous dira que toujours vous êtes le fils aîné de l'Église et le Roi très chrétien.

« Daigne le Roi agréer l'expression de nos sentimens ! Daigne le Ciel exaucer tous nos vœux ! »

Le Roi a paru vivement ému, et a répondu à l'archevêque de Reims.

Un chanoine a entonné l'antienne *Ecce mitto angelum meum*. Pendant ce chant, le Roi a été conduit processionnellement dans le sanctuaire.

Arrivée dans le sanctuaire, S. M. s'est placée à son prie-dieu, ayant auprès d'elle les personnes de son service. Les Princes étaient placés à sa droite et à sa gauche, selon leur rang. Le grand-aumônier et le premier-aumônier, deux des aumôniers et l'aumônier ordinaire du Roi, se tenaient à droite et en avant du prie-dieu. Mme la Dauphine, MADAME, duchesse de Berry, et LL. AA. RR. les Princesses du sang, occupaient une tribune vis-à-vis celle du corps diplomatique.

MM. les cardinaux étaient en avant et à gauche du Prie-Dieu du Roi.

Les archevêques et évêques invités étaient dans le sanctuaire, à gauche et à droite de l'autel.

M. l'archevêque de Reims, après avoir récité les oraisons, a été se placer dans la première stalle du cœur du côté de l'Epître. Les stalles du chœur étaient occupées par le chapitre de la métropole.

Les ministres et les députations ayant pris les places qui leur étaient réservées, M. l'archevêque de Reims a entonné les vêpres. Les vêpres finies, M. le cardinal de la Fare est monté en chaire et s'est exprimé en ces termes :

« *Spiritus Domini super me eo quod Dominus unxerit me.* »

« Le Seigneur a imposé sur mon front l'onction sacrée, et l'esprit de Dieu est descendu dans mon âme. » *Isaie*, chap LXI.

« Sire, il est au dessus des Rois et des peuples un dominateur suprême dont toute puissance émane. Sa volonté, à laquelle rien ne résiste, forme, élève et fait disparaître les empires de ce monde et ceux qui les gouvernent. Il tient dans sa main les cœurs des dépositaires du pouvoir, et, suivant ses desseins impénétrables, il en fait ou des agens de sa miséricorde ou des agens de sa colère.

« Heureux les peuples sur qui, du haut de son sanctuaire, le Tout-Puissant daigne abaisser des regards de complaisance ! Heureux ce royaume, qui depuis tant de siècles jouit de cette série étonnante de Princes du même sang, dont le trône français s'honore, n'a que des tributs de reconnaissance ou d'admiration à payer à leur mémoire.

« Mystérieuse et touchante cérémonie ! Dieu lui-même en a fait à la terre le présent céleste, il l'institua dans Israël, l'ordonna à Samuel pour la consécration de Saül et de David, la fit continuer par ses prophètes et passer de l'ancien testament dans le nouveau, rehaussée de cette pompe imposante qu'étale le culte catholique et qui embellit les fêtes d'un si majestueux appareil.

« Déjà combien d'émotions excite dans les cœurs ce spectacle tout divin et tout monarchique, avec quelle édification la piété contemple l'attitude aussi religieuse que royale de notre monarque ! On admire sur son front tant de bonté unie à tant de grandeur, on est ébloui de la magnificence qui l'environne ; mais la foi du chrétien s'attache à des pensées plus hautes : dans l'ensemble de cette antique cérémonie la foi se plaît à rechercher l'esprit particulier qui la dirige. Elle y remarque avec intérêt l'action tutélaire de la religion, qui , toujours occupée de la félicité commune, d'une part consacre les obligations des monarques envers les peuples , de l'autre constate et garantit les devoirs des peuples envers les monarques. « (Ici M. le cardinal s'attache à la démonstration des deux points de son discours, et termine en ces termes) :

« Protecteur de cette race chérie , à qui depuis plus de huit siècles vous avez confié l'apanage de ce beau royaume , Dieu tout-puissant , continuez de manifester sur elle votre faveur et vos merveilles ! Que toujours étendu sur l'homme de votre droite, votre bras couvre sa personne sacrée de votre égide impénétrable; que tous les vrais Français,aussi fiers de lui obéir que lui-même s'est dit fier de les commander , l'entourent à l'envi de confiance et d'amour.

« Que , calmes comme son âme et purs comme ses désirs, ses jours égalent par leur durée la mesure et l'étendue de nos souhaits.

« Que constamment heureux comme Roi, Charles X le soit constamment comme père ; que ses regards paternels voient toujours auprès de lui briller d'un éclat que rien n'altère cette Famille si précieuse, l'ornement de sa cour , le charme de sa vie, l'avenir de la France ; cet illustre Dauphin, terreur du génie du mal , vengeur rapide de la majesté des Rois, héros conquérant et pacificateur ; cette Princesse magnanime, image vivante de la charité céleste, providence visible de l'infortune , modèle d'héroïsme comme de vertu ; cette mère admirable de l'enfant du miracle qui rendit l'espoir à la nation consternée, l'étonna par son courage, qui la captive par sa bonté; ce tendre rejeton de la première tige des lis, qui fut avant de naître l'objet de tant de vœux , et qui l'est aujourd'hui de tant d'espérances !

« Dieu de Clovis, s'il est ici bas un spectacle capable d'intéresser Votre Majesté infinie, ne serait-ce pas celui qui , dans cette solennité, fixe l'attention universelle, appelle et réunit tous les vœux ? Pourraient-ils, confondus avec la multitude des événemens humains, s'ensevelir et se perdre dans les annales éternelles , ces jours saintement privilégiés où le héros de Tolbiac ,et, treize siècles après lui , le soixante-cinquième des Rois ses successeurs sont venus dans le même temple recevoir la même consécration ?

« A quoi donc , grand Dieu , si ce n'est à la persévérance de vos immuables décrets , attribuer sur cette terre toujours si mobile et toujours si changeante , le don surnaturel d'une durée qui tient du prodige !

« Même royaume, mêmes Rois, même basilique, même autel,même culte, mêmes pontifs ! une double chaîne, qui , à force d'être antique semble suspendue à l'éternité , lie d'un côté Clovis à l'auguste héritier du trône, et de l'autre le grand saint Remy au digne successeur qui le remplace dans son siége. Intervalle immense dans les fastes de notre éphémère et périssable humanité !

« Celui qui se complaît à protéger et à maintenir, et notre culte qu'il a soûtenu toujours pur, et la maison de France qu'il a toujours aimée, de ce royaume qu'il a élevé si haut, leur aurait-il transmis quelque chose de son ineffable immutabilité ! Seigneur ! il vous a plu, sans avoir égard à la faiblesse de votre ministre, de le rendre, dans deux circonstances d'un souvenir ineffaçable, l'organe de votre parole sainte.

« A cette époque à jamais déplorable que déjà le laps de trente-six années et le torrent des âges ont emportée loin de nous, vous avez voulu que du haut de la chaire de vérité, en présence de cette Assemblée fatale qui fut le premier instrument de la démolition du trône et de la monarchie, notre voix annonçât les orages destructeurs amoncelés sur nos têtes, et prêts à fondre sur la France.

» Aujourd'hui, quelles actions de grâces ne devons-nous pas à votre bonté de nous avoir, à la fin de notre carrière, réservé la plus douce des jouissances, celle d'avoir présagé à notre patrie et au monde, qu'autant, de la coupe de votre colère enfin épuisée, il était sorti de châtimens et de fléaux, autant, du trésor intarissable de vos miséricordes, il sortira de félicités et de bienfaits !

» Fasse, Seigneur, votre volonté, que, si l'excès des maux a surpassé nos pressentimens et nos craintes, la réalité des biens surpasse à son tour nos souhaits et nos espérances ! Daigne le secours permanent de votre grâce conduire par un chemin non interrompu de prospérités et amener à un bonheur qui n'aura plus ni vicissitudes, ni fin, notre Roi, votre adorateur sincère, et son peuple, qui, sous ses lois et avec ses exemples, sera plus que jamais religieux et fidèle. »

Apres ce sermon, M. l'archevêque a entonné le *Te Deum*, que le Roi a entendu debout.

Pendant le *Te Deum*, MM. les aumôniers du Roi, avertis et conduits par le maître des cérémonies, ont apporté les présens du Roi, et les ont posés sur l'autel, à l'exception du reliquaire de la Vraie-Croix qu'un des aumôniers de S. M. a gardé.

MM. les évêques de Soissons et de Beauvais ont conduit le Roi à l'autel. S. M. a baisé l'autel.

Le premier gentilhomme de service auprès du Roi a reçu des mains de M. l'aumônier de S. M. le reliquaire de la Vraie-Croix, qu'il a remis à M. le Dauphin, qui la présenté ensuite à S. M.

Le Roi est venu offrir à Dieu le reliquaire, l'a posé sur l'autel et l'a baisé.

Après cette cérémonie, S. M. s'est retirée comme à son entrée, et s'est rendue à l'archevêché par la galerie construite à cet effet.

S. M. rendue dans ses appartemens, a reçu toutes les autorités du département de la Marne.

La ville a été illuminée le soir. M. le maire et plusieurs autorités municipales ont donné de grands dîners, auxquels ont été invités les hauts fonctionnaires appelés au sacre par leurs fonctions ou les lettres closes.

— Voici la réponse du Roi au discours qui lui fut adressé par M. le maire de Reims, lorsque ce magistrat présenta à S. M. les clefs de la ville :

« Je suis touché des sentimens qui viennent de m'être expri-
» més. Je désirerais avoir la voix assez forte pour être entendu
» de tous les bons Rémois et de tous les Français, et leur faire
» connaître la vive émotion que j'éprouve en ce moment....
» Je prierai le Tout-Puissant, dans la cérémonie de mon sacre,
» de doubler mes forces pour assurer le bonheur de mon
» peuple. »

Le Roi a reçu successivement les autorités du département de la Marne, ayant à leur tête M. de Jessaint, préfet. On a recueilli les réponses suivantes de la bouche de S. M.

A M. le Préfet.

« M. le Préfet, je reçois avec beaucoup de satisfaction l'ex-
» pression des vœux et des sentimens des habitans de mon dépar-
» tement de la Marne. Leur dévoûment à ma personne ne date pas
» de ces jours de prospérité. Je n'oublie point celui qu'ils m'ont
» témoigné à mon arrivée au milieu d'eux en 1814, et dans des
» temps si voisins du danger. Je suis assuré qu'ils persévèrent
» dans leurs bons sentimens, sous une administration sage et vigilan-
» te telle que la vôtre, monsieur, et que tout va concourir sous vos
» yeux à justifier ma confiance, et à mériter de plus en plus mon
» affection. »

A M. le président du tribunal civil.

« M. le président, c'est par la justice que règnent les Rois ; et
» la partie la plus importante de mon autorité vous est déléguée :
» usez-en, monsieur, avec la religieuse fidélité qui caractérise les
» vrais magistrats, et soyez persuadé que vous vous concilierez
» des droits à ma bienveillance et à ma protection, à mesure que
» vous apporterez dans vos jugemens de l'exactitude et de l'impar-
» tialité. »

A M. le président du tribunal de commerce.

« M. le président, vous avez raison de dire que je place par-
» mi les premiers sujets de ma sollicitude les progrès du com-
» merce et de l'industrie; j'apprécie combien ils influent aujour-
» d'hui sur la puissance et la prospérité des Etats. Comme né-
» gociant, vous pouvez compter sur ma protection; comme juge,
» j'attends de votre zèle que vous vous efforcerez de maintenir
» dans le commerce la bonne foi qui en est l'âme. »

CÉRÉMONIES DU SACRE.

Avant cinq heures du matin, les portes de la cathédrale ont été assiégées par la foule. A six heures, elles ont été ouvertes ; à six heures et demie toutes les tribunes de la nef et du chœur du sanctuaire, des bas côtés, étaient remplies. Les tribunes réservées à LL. AA. RR. Mme la Dauphine, MADAME, duchesse de Berry, et aux Princes du sang, ainsi qu'aux dames de leur cour, étaient placées du côté de l'archevêché, à la droite du prie-dieu de S. M. ; vis-à-vis était la tribune du corps diplomatique. MM. les pairs de France et grands-officiers de la couronne étaient placés sur les gradins du chœur. A droite MM. les députés et les maires des bonnes villes, les préfets et plusieurs autres fonctionnaires publics convoqués au sacre par lettres closes. Les Cours royales, les tribunaux, un grand nombre d'officiers-généraux, occupaient les gradins de la nef de droite et de gauche. Les tribunes pratiquées dans la nef de droite et de gauche, entre les pilliers, étaient garnies de dames, pour la plupart présentées.

Mme la Dauphine avait une robe brodée d'argent sur un fond d'or. Elle avait un diadème étincelant de diamans. MADAME avait une robe rose lamée d'argent ; elle était coiffée en cheveux et portait une couronne de roses roses mêlée de diamans. Les Princesses du sang avaient des robes blanches brochées d'argent.

A sept heures et demie, le clergé s'est rendu à l'église métropolitaine. M. l'archevêque de Reims s'est avancé vers l'autel, précédé de MM. les évêques de Soissons et d'Amiens, faisant les fonctions de diacre et de sous-diacre et de MM. l'archevêque de Besançon, l'archevêque de Bourges, l'évêque d'Autun et l'évêque d'Evreux, nommés pour chanter les Litanies. MM. les cardinaux de Clermont-Tonnerre et de la Fare, assistant S. M., ont été chercher le Roi à son appartement, précédés du chapitre. Le chapitre étant arrivé à la porte de la chambre de S. M. avec M. le Dauphin, Mgr. le duc d'Orléans et Mgr. le duc de Bourbon, ainsi que les grands-officiers de la couronne, les premiers officiers et officiers de la maison de S. M., ayant fonctions à la cérémonie du sacre ; le grand-chantre de la cathédrale a frappé à la porte ; M. le prince de Talleyrand, grand-chambellan, a dit à haute voix : *Que demandez-vous ?*

Le cardinal de Clermont-Tonnerre, premier des cardinaux assistans, a répondu :

« Charles X, que Dieu nous a donné pour Roi. »

Alors les huissiers de S. M. ont ouvert les portes. Les deux cardinaux assistans se sont approchés du Roi, qui s'est levé de son fauteuil à leur entrée ; ils ont salué S. M.

(11)

M. le Dauphin, Mgr. le duc d'Orléans et Mgr. le duc de Bourbon sont alors partis pour se rendre à l'église ; ils ont été conduits par le maître des cérémonies, et précédés et suivis de leurs
premiers officiers, qui sont allés prendre leurs places dans le
sanctuaire, à l'exception du lieutenant des gardes du corps du
Roi de service près M. le Dauphin, qui est resté auprès de sa
personne.

Le premier des deux cardinaux a présenté au Roi l'eau bénite,
et a dit l'oraison : *Omnipotens sempiterne Deus, qui famulum
tuum, etc.* Cette oraison finie, les deux cardinaux ont conduit
le Roi à l'église.

Le cortége a marché dans l'ordre suivant : Le chapitre de la
métropole ; les gardes à pied ordinaire du Roi marchant sur deux
files, officiers en tête, la musique, les hérauts d'armes, les aides
des cérémonies, le grand-maître des cérémonies M. le marquis
de Dreux-Brézé ; MM. les quatre chevaliers de l'Ordre du Saint-
Esprit, les ducs de la Vauguyon, de la Rochefoucauld, les ducs
de Luxembourg et de Grammont, destinés à porter les offrandes ;
les pages du Roi sur les ailes ; M. le maréchal duc de Conégliano,
faisant fonctions de connétable, tenant à la main son épée nue,
et ayant à ses côtés deux huissiers de la chambre du Roi portant
leurs masses ; en arrière du connétable, sur le côté à droite, le
capitaine-colonel des gardes à pied (M. le duc de Mortemart)
et le major-général de la garde royale de service (M. le duc
de Bellune) ; en arrière du connétable, sur le côté à gauche,
MM. le maréchal marquis de Lauriston, le comte de Cossé, et le
duc de Polignac, nommés par le Roi pour porter la queue du
manteau royal.

LE ROI.

A sa droite, M. le cardinal de Clermont-Tonnerre ; à sa gauche,
M. le cardinal de la Fare. Sur les ailes, à hauteur du Roi, six
gardes, de la manche : trois de chaque côté. Derrière S. M.,
à droite et à gauche, deux de MM. les capitaines des gardes du
corps. Le major des gardes du corps marchant derrière M. le
capitaine des gardes de service. M. le chancelier de France. M.
le duc d'Uzès, représentant le grand-maître de France, portant le
bâton du grand-maître, la main haut levée. A sa droite, M. le
prince de Talleyrand, grand-chambellan. A sa gauche, M. le duc
d'Aumont, premier gentilhomme de la chambre. A droite et un
peu en arrière de M. le grand-chambellan, à la place de M. le
comte Curial, premier chambellan, maître de la garde-robe, qui
n'a pu assister à la cérémonie à cause du funeste accident qui
lui est arrivé hier, M. le marquis d'Avaray. Deux gentilshommes
de la chambre, l'un derrière M. le grand-chambellan, l'autre
derrière M. le premier gentilhomme de la chambre. Les officiers

des gardes du corps de service, suivis d'un détachement desdits gardes.

Pendant la marche, depuis l'appartement de S. M. jusqu'à l'église, on a chanté l'antienne *Ecce ego mitto angelum meum, etc.*

S. M. était revêtue d'une robe d'argent, ses mules avaient aussi des lames d'argent, et elle portait une toque de velours noir, qui avait deux aigrettes blanches séparées au milieu par une croix de diamans. Le Roi avait un pantalon de tricot de soie.

Tout le monde a pris place selon que le cérémonial l'indiquait.

Le roi est arrivé à l'entrée de l'église; M. le cardinal de la Fare a dit l'oraison *Deus qui scis genus humanum.* Après cette oraison, on a chanté en faux bourdon le psaume *Domine, in virtute tuâ lætabitur Rex.* Pendant le chant du psaume, le clergé s'est rendu à ses places, et le roi a été conduit par les deux cardinaux assistans au pied de l'autel, où S. M. s'est agenouillée. M. l'archevêque de Reims, dès le moment de l'entrée du Roi dans le chœur, a dit sur S. M. l'oraison : *Omnipotens Deus, cœlestium moderator ;* et après cette oraison, le roi a été conduit par les deux cardinaux au siége qui lui avait été préparé au milieu du sanctuaire, sous le haut dais. S. M. s'est assise.

M. le Dauphin, Mgr. le duc d'Orléans et Mgr. le duc de Bourbon, étaient assis à la droite de S. M. sur le côté. Derrière le Roi, étaient à droite et à gauche et debout deux de MM. les capitaines des gardes du corps, les ducs de Luxembourg et d'Havré. Un peu plus en arrière étaient les trois personnes nommées pour porter la queue du manteau royal, savoir: MM. le maréchal marquis de Lauriston, le comte de Cossé et le duc de Polignac aussi debout. M. le maréchal duc de Conégliano, représentant le connétable, était placé au bas des degrés du sanctuaire, au milieu sur un tabouret, M. le chancelier était assis sur un tabouret pareil à celui de M. le duc de Conégliano, à peu de distance du maréchal. M. le duc d'Uzès, représentant le grand-maître de France, M. le grand-chambellan, et M. le premier gentilhomme de la Chambre étaient assis tous trois sur un même banc. Sur un tabouret, à la droite et un peu en arrière de M. le grand-chambellan, M. le premier chambellan, maître de la garde-robe. Les quatre chevaliers destinés à porter les offrandes se sont placés du côté de l'Epître et du côté de l'Evangile.

Alors M. l'archevêque de Reims s'est levé, et a été présenter l'eau bénite au Roi, qui s'est découvert pour la recevoir. Monseigneur a donné ensuite l'eau bénite à toute l'assemblée; il s'est retiré après derrière le maître autel, pour se revêtir de ses ornemens pontificaux, il a ensuite apporté la Sainte-Ampoule. Pendant ce temps, le chœur a chanté *Sexte.* Monseigneur, après avoir salué l'autel et le Roi, a entonné le *Veni Creator.* S. M. est

restée à genoux pendant la première strophe. Après le *Veni*
Creator, l'archevêque s'est avancé vers le Roi, accompagné de
ses deux assistans, portant, l'un le livre des Evangiles, et l'autre
la relique de la Vraie Croix; il a repris le livre des Evangiles, sur
lequel il a posé la relique, et il l'a tenu ouvert devant S. M.,
à qui il a présenté les formules des sermens placés aussi sur le
livre des Evangiles.

Le Roi, assis et couvert, la main posée sur le livre des Evangiles et sur la Vraie-Croix, a prononcé les sermens suivans:

Serment du Sacre.

« En présence de Dieu, je promets à mon peuple de mainte-
» nir et d'honorer notre sainte religion, comme il appartient au
» Roi très-chrétien et au fils aîné de l'Eglise ; de rendre bonne
» justice à tous mes sujets ; enfin, de gouverner conformément
» aux lois du royaume et à la Charte constitutionnelle, que je
» jure d'observer fidèlement ; qu'ainsi Dieu me soit en aide et
» ses saints Evangiles. »

Serment du Roi comme chef et souverain grand-maître de l'Ordre du Saint-Esprit.

« Nous jurons à Dieu, le créateur, de vivre et mourir en
» sa sainte foi et religion catholique, apostolique et romaine ; de
» maintenir l'Ordre du Saint-Esprit, sans le laisser déchoir de
» ses glorieuses prérogatives; d'observer les statuts dudit Ordre,
» et de les faire observer par tous ceux qui sont ou seront : nous
» réservant néanmoins de régler les conditions d'admission selon
» de bien de notre service. »

Serment du Roi comme chef et souverain grand-maître de l'Ordre royal et militaire de Saint-Louis et de l'Ordre royal de la Légion-d'Honneur.

« Nous jurons solennellement à Dieu de maintenir à jamais,
» sans laisser déchoir leurs glorieuses prérogatives, l'Ordre
» royal et militaire de Saint-Louis et l'Ordre royal de la Légion-
» d'Honneur, de porter la croix desdits Ordres, et d'en faire
» observer les statuts : ainsi le jurons et promettons sur la sainte
» croix et sur les saints Evangiles. »

Les sermens prêtés, M. l'archevêque s'est mis à son siége, au
bas de l'autel ; S. M. a été conduite par les deux cardinaux assistans ; et demeurant debout, elle a quitté sa première robe qui
lui a été ôtée par M. le premier gentilhomme de la chambre,
qui l'a remise au premier valet de chambre. Le Roi a donné sa
toque au premier chambellan, qui l'a remise au plus ancien des
valets de chambre présens.

Le Roi n'étant plus revêtu que d'une camisole de satin cou-
leur de cerise, brodée en argent, et ouverte aux endroits où
les onctions devaient être faites, est resté debout pendant les

prières do l'oraison *Deus, admirabilis auctor mundi, etc.* qu'a dite M. l'archevêque. Alors M. le grand chambellan a chaussé à S. M. les bottines de velours violet semées de fleurs de lis d'or, qu'il avait reçues du maître des cérémonies, M. le marquis de Rochemore. Le premier valet de chambre a retiré les mules avec lesquelles le Roi était venu. M. le grand-maître des cérémonies a conduit en cet instant M. le Dauphin auprès du Roi, il a pris les éperons sur l'autel, les a présentés à M. le Dauphin, qui les a mis au Roi, les lui a aussitôt retirés, et les a ensuite rendus à M. le grand-maître des cérémonies, qui les a replacés sur l'autel. M. le maréchal de Conégliano a quitté son épée, et s'est avancé vers le Roi; S. M. s'est levée, s'est approchée de l'autel; M. l'archevêque y est monté, et a fait la bénédiction de l'épée de Charlemagne, en disant l'oraison *Exaudi, quæsumus, Domine, preces nostras, etc.* Cette bénédiction finie, M. l'archevêque a ceint l'épée au Roi, et la lui a ôtée aussitôt; il a dit la prière *Accipe tuum gladium*, en la remettant nue entre les mains du Roi. Le chœur a chanté l'antienne *Confortare, et esto semper vir.* M. l'archevêque a dit sur le Roi, aussi debout et tenant l'épée la pointe levée, l'oraison *Deus qui providentia cœlesti.*

A la fin de l'oraison, S. M. est montée à l'autel, a baisé l'épée et l'a posée dessus, en se mettant à genoux; alors M. l'archevêque a repris l'épée, et l'a remise une seconde fois entre les mains du Roi, qui l'a reçue à genoux, et l'a donnée à M. le maréchal de Conégliano, qui s'est rangé du côté de l'Epître, près de l'autel, au bas des marches.

M. l'archevêque a dit sur le Roi, toujours à genoux, les trois oraisons suivantes : *Respice, omnipotens Deus; Benedic Domine, quæsumus; Deus pater æternæ gloriæ.*

M. l'archevêque a ensuite préparé l'onction sainte. Le Roi, conduit par les deux cardinaux assistans, s'est assis. On a ouvert le reliquaire renfermant la Sainte-Ampoule, et M. l'archevêque, avec la pointe d'une aiguille d'or, en a retiré une parcelle qu'il a mêlée avec du Saint-Chrême. Le chœur a chanté l'antienne *Gentem francorum inclytam*, etc. M. l'archevêque a dit les versets *Ora pro nobis, beate Remigi*, etc. *Deus qui scopulo tuo æternæ salutis*, etc. MM. les deux cardinaux assistans ont alors défait les ouvertures faites à l'habillement du Roi pour les onctions, et ont conduit S. M. à l'autel où elle s'est prosternée. Les quatre prélats nommés pour chanter les litanies, MM. l'archevêque de Besançon, l'archevêque de Bourges, l'évêque d'Autun et l'évêque d'Evreux se sont avancés au bas des marches de l'autel, et, debout, ont chanté les litanies auxquelles le chœur a répondu. Après le verset *Ut obsequium servitutis nostræ*, etc., que les quatre prélats ont répété, l'archevêque s'est levé et a dit sur le Roi les trois versets qui suivent *ut obsequium*. Après ces trois versets que le chœur a répétés, M. l'archevêque a quitté sa crosse et s'est prosterné une seconde fois. Les litanies continuées et achevées, les quatre prélats qui les avaient chantées s'agenouillèrent, et s'inclinèrent. M. l'archevêque s'étant relevé, a dit le *Pater noster*, quelques versets et répons, et les deux oraisons : *Pretende quæsumus, Domine*, etc. *Actiones nostras, quæsumus*.

Le Roi a été conduit près du siége de M. l'archevêque, qui a dit sur lui ces deux oraisons : *Deus qui populis tuis virtute consulis*, etc., *In diebus ejus oriatur omnis æquitas*, etc. M. l'archevêque a dit l'oraison *Omnipotens sempiterne Deus*, et lorsqu'elle a été finie, il a pris avec le pouce, pour faire les onctions suivantes, du saint-chrême, qui lui a été présenté par M. l'évêque de Soissons, savoir : La première sur le sommet de la tête, en faisant le signe de la croix, et en disant : *Ungo te in regem de oleo sanctificato*, etc.; la deuxième sur la poitrine ; MM. les deux cardinaux assistans tenaient la camisole et la chemise de S. M. ouvertes au moment de l'onction; la troisième entre les deux épaules ; la quatrième sur l'épaule droite ; la cinquième sur l'épaule gauche; la sixième au pli du bras droit; la septième au pli du bras gauche, faisant à chaque onction le signe de la croix, et répétant la prière *Ungo te*, etc. Pendant les onctions, le chœur a chanté l'antienne *Duxerunt Salomonem*, etc., après laquelle M. l'archevêque a dit les trois oraisons suivantes : *Christe, perunge hunc regem*, etc.; *Deus electorum fortitudo*, etc. *Deus, Dei filius*, etc. Les oraisons finies, M. l'archevêque, aidé de MM. les deux cardinaux, assistans, a refermé les ouvertures des habillemens du Roi.

M. le grand-chambellan s'est avancé, a mis à S. M. sa tunique et la dalmatique de satin violet cramoisi, semé de fleurs de lis d'or; il a placé par dessus, le manteau royal de velours violet, semé de fleurs de lis d'or, doublé et bordé d'hermine. Le Roi, vêtu des habits royaux, s'est mis à genoux; M. l'archevêque a fait les onctions aux paumes des deux mains, en disant : *ungantur manus istæ de oleo sanctificato*. L'oraison finie, le premier valet de chambre a présenté à M. l'archevêque-diacre une paire de gants sur un plat de vermeil, M. l'archevêque les a bénis et les a mis aux mains du Roi. M. l'archevêque a reçu de M. l'évêque-diacre l'anneau qu'il a également béni, et mis au quatrième doigt de la main droite de S. M. M. l'archevêque a pris le sceptre et l'a mis dans la main droite du Roi, en disant: *Accipe sceptrum, regiæ potestatis insigne*, etc.; puis il a pris pareillement sur l'autel la main de justice qu'il a mise dans la main gauche du Roi, en disant : *Accipe virgam virtutis atque æquitatis*, etc. M. le chancelier est venu saluer les Princes, qui se sont approchés

du Roi et se sont placés à sa droite et à sa gauche selon leur rang.
M. l'archevêque a pris à deux mains sur l'autel la couronne de
Charlemagne, l'a mise seul au dessus de la tête du Roi, sans qu'elle
le touchât ; les Princes y ont porté la main pour la soutenir. M.
l'archevêque, la tenant de la main gauche, a dit en faisant la
bénédiction : *Coronet te Deus coronâ gloriæ atque justitiæ ;*
après quoi, seul, il a posé la couronne sur la tête du Roi (M. le
Dauphin y portant de nouveau la main, comme pour la soutenir),
disant : *Accipe coronam regni in nomine patris et filii,* etc.

La cérémonie du couronnement étant finie, M. l'archevêque a
soulevé le Roi par le bras droit, et S. M. a été conduite à son
trône, élevé au milieu de la nef, entre la quatrième et la cinquième
travée. Le cortége de S. M. était le même qu'à son entrée
dans l'église. M. le maréchal duc de Conégliano portant l'épée
de Charlemagne nue à la main. Pendant que S. M. s'est mise en
marche, les Princes, conduits par le maître et un aide des cérémonies, se sont avancés vers les degrés du trône, marchant à la
gauche du Roi, qui est monté par les degrés du côté de l'E-
vangile. Les drapeaux, étendards des différens corps militaires
en ce moment à Reims, étaient placés sur les degrés. Les porte-
étendards ont salué S. M. à son passage. Le Roi, arrivé à son
trône, s'est tenu debout, ayant à sa droite M. l'archevêque de
Reims. Les Princes, ainsi que les deux cardinaux assistans, se
sont placés sur des ployans à la gauche de S. M.

Plus en avant de l'estrade du trône, et au milieu, le connétable, tenant l'épée de Charlemagne nue à la main ; était assis
sur un tabouret. Toutes les personnes, déjà nommées, ayant
charges et fonctions au sacre, garnissaient les deux côtés du trône.

Tout le monde étant debout, M. l'archevêque tenant le Roi
par le bras droit, et étant tourné vers l'autel, a dit la prière :
Sta et retine admodùm statum. Le Roi s'étant assis, M. l'archevêque, tenant S. M. par la main, a ajouté : *In hoc regni solio
confirmet te ;* et de suite il a dit les versets et l'oraison *Deus
qui victrices Moysis manus in oratione firmasti,* etc.

Les prières achevées, M. l'archevêque a fait une profonde révérence au Roi, l'a baisé et a dit à haute voix par trois fois : *Vivat
Rex in æternum !* A chaque *vivat*, cris unanimes. M. le Dauphin
et les Princes ayant quitté leurs couronnes, qu'ils posèrent sur
leurs siéges, s'avancèrent, et chacun d'eux reçut l'accolade en
disant : *Vivat Rex in æternum.*

Alors les fanfares se sont fait entendre ; la toile qui cachait la
vue de l'église au peuple qui se pressait sous le portail, et qui
avait mêlé sa voix aux acclamations de l'assemblée, a été déchi-
rée avec fracas, des salves d'artillerie se sont fait entendre de
nouveau, le peuple est entré dans l'église, les héraults d'armes

ont distribué des médailles du sacre, les oiseleurs du Roi ont lâché des colombes et des oiseaux dans l'église, l'artillerie des remparts a répondu, les cloches ont sonné : ivresse unanime ! Après que les explosions de la joie universelle ont été calmées, M. l'archevêque s'est rendu à l'autel et a entonné le *Te Deum*. Le *Te Deum* achevé, le grand-chantre et le second chantre ont entonné l'*Introït*. M. l'archevêque est venu à l'autel avec le clergé assistant, et a commencé la grand'messe. Après le *Credo*, le livre des Evangiles a été porté processionnellement à baiser au Roi, par M. l'archevêque.

Pendant que le chœur chantait l'offertoire et que M. l'archevêque faisait l'oblation, le roi d'armes et trois des hérauts ont pris sur une crédence les offrandes, et les ont portées, sur une des tavaiolles, à MM. les chevaliers de l'Ordre du Saint-Esprit. Ces offrandes consistent en un vase de vermeil contenant du vin, un pain d'argent, un pain d'or, et un plat de vermeil sur lequel étaient les médailles frappées à l'occasion du sacre. Les quatre chevaliers ont monté au trône, et le Roi s'est rendu à l'offrande. Il tenait dans ses mains le sceptre de la main de justice; les Cardinaux assistans placés à droite et à gauche de S. M. M. le Dauphin et les Princes du sang ont été conduits à l'autel par M. le baron de Saint-Félix. Le Roi a remis son sceptre à M. le maréchal duc de Dalmatie, et la main de justice à M. le maréchal duc de Trévise. Il a pris les offrandes des mains des quatre chevaliers de l'Ordre du Saint-Esprit, et les a présentées à l'archevêque ; puis le Roi est retourné sur son trône avec le même cérémonial observé lorsqu'il y fut conduit pour la première fois.

Après le *lever-Dieu*, M. le grand-aumônier, prince de Croï, a été prendre le baiser de paix de M. l'archevêque, puis étant monté au trône, il l'a porté au Roi. M. le Dauphin et les Princes du sang sont venus le recevoir de S. M. lorsque M. le Dauphin a fléchi les genoux. M. le Dauphin a reçu l'accolade du Roi, ce Prince a fléchi les genoux devant son auguste père, qui l'a relevé et l'a long-temps serré dans ses bras. Cette scène touchante a fait sur l'assemblée la plus profonde impression, et des larmes causées par la plus douce des émotions se sont mêlées aux cris unanimes de *vive le Roi! vive le Dauphin!* et l'ivresse était au comble. M. le grand-aumônier a été reconduit dans le sanctuaire par les officiers des cérémonies.

Le Roi s'est mis ensuite en marche pour se rendre à la communion. Arrivé près de l'autel, M. l'archevêque a ôté au Roi la couronne de Charlemagne, qui a été remise à M. le Maréchal Jourdan. Le Roi s'est ensuite approché de la sainte table, la nappe était tenue par M. le grand-aumônier. M. le premier aumônier, M. le Dauphin et M. le duc d'Orléans, S. M. a communié sous les deux espèces.

Après la communion de S. M., M. le Dauphin s'est approché du Roi et lui a remis sa couronne. S. M. est restée quelques instans à genoux en prières; après quoi, M. l'archevêque s'est approché d'elle, lui a ôté la grande couronne de Charlemagne, qu'il a remise à M. le maréchal Jourdan, pour la porter ensuite devant S. M. M. l'archevêque a pris une couronne plus légère et l'a posée sur la tête du Roi. Cette couronne, estimée 10 millions et demi, est composée des diamans en pierres précieuses de la couronne.

MM. les maréchaux ducs de Trévise et de Dalmatie se sont approchés de S. M., qui a pris de leurs mains le sceptre et la main de justice. Après le psaume *Exaudiat*, le chapitre de la métropole s'est mis en marche pour reconduire le Roi, qui s'est levé, a salué l'autel, et est retourné à ses appartemens, en traversant l'église et la galerie en grand cérémonial. Au moment où S. M. a quitté l'église, les cris de *vive le Roi ! vivent les Bourbons !* l'ont accompagnée jusque dans son palais.

Le Roi, arrivé dans ses appartemens, a remis à M. le duc de Dalmatie son sceptre, et à M. le maréchal duc de Trévise la main de justice. Le Roi s'est déshabillé en partie. La chemise et les gants qui ont touché à la sainte onction, et qui doivent être brulés ont été remis à M. le grand-aumônier. M. l'archevêque de Reims et le chapitre de la métropole ont alors été admis à l'audience de S. M. Au moment d'aller au festin royal, le Roi a remis son manteau et a pris de la main de MM. les maréchaux de France son sceptre et sa main de justice. S. M. s'est rendue ensuite au festin royal, dans la grande salle de l'archevêché. Les grands-officiers de la couronne avaient été prendre le Roi dans ses appartemens, et l'avaient conduit dans la salle du banquet terminant la galerie latérale extérieure établie à la gauche de la cathédrale.

La salle du banquet, richement décorée dans le style gothique, est ornée des portraits de tous les Rois qui ont été sacrés à Reims. Elle était disposés de la manière suivante : Dans l'une de ses extrémités se trouvait sous un dais richement décoré la table destinée au Roi et aux Princes, le Dauphin et le duc de Bourbon à droite, le duc d'Orléans à gauche, près d'une tribune où étaient les princesses. Sur le côté à droite étaient deux tables, la première destinée au corps diplomatique, la seconde à MM. les pairs. Sur le côté à gauche, la première table destinée aux ministres; la seconde à MM. les députés; à l'autre extrémité, en face de la table du Roi, était établie une autre table destinée à MM. les cardinaux, archevêques et évêques. Le Roi, les Princes et autres autorités ont pris place.

Le Roi avait la couronne de diamans en tête, les Princes leur couronne ducale en or. Les insignes royaux ont été déposés sur la table, qui a été servie par les grands-officiers et officiers de l'hôtel, les maréchaux de France debout devant le Roi, et prêts à reprendre les insignes déposés sur la table. Le festin a duré une demi-heure, au son de la musique militaire. A chaque service, le cortége a été, en ordre et cérémonialement, chercher les mets destinés à la table du Roi, portés par les pages précédés des hérauts d'armes, sous-aides, officiers et grand-maître de cérémonies. LL. AA. RR. ont assisté à ce festin dans une tribune qui leur avait été réservée.

Le 3o Mai.
CÉRÉMONIE DE LA TENUE DU CHAPITRE DES ORDRES DU ROI.

Les portes de l'église ont été ouvertes à onze heures. Les tribunes étaient aussi garnies que le jour du sacre de S. M., et occupées en grande partie par les mêmes personnes.

Dans la nuit du 29 au 3o, plusieurs changemens ont été faits pour la cérémonie de ce jour dans le chœur et dans le sanctuaire de la métropole. Deux trônes ont été placés, l'un à l'entrée du chœur, du côté de la nef, en face du maître-autel; l'autre dans le sanctuaire, à gauche. Le trône placé en face du maître autel était élevé sur une estrade. Au dessus du trône du Roi était suspendu à la voûte de l'église un dais sans dossier.

Le trône du sanctuaire était également élevé sur une estrade et couronné par un dais semblable au premier. Les deux trônes, ainsi que leurs dais, les stalles hautes et basses du chœur, étaient revêtus d'étoffe de soie verte, ornés des emblêmes des ordres brodés en or. Le dais de l'autel, ainsi que les marches de l'autel, étaient couverts de même étoffe.

Avant la cérémonie de la réception de MM. les chevaliers du Saint-Esprit, on a procédé à celle des chevaliers non reçus de l'ordre de Saint-Michel.

S. A. R. M. le Dauphin a reçu MM. les chevaliers.

Les chevaliers non-reçus se sont rassemblés à la même heure dans la grande salle qui précède les appartemens du Roi, et revêtus du costume complet, mais sans aucun insigne quelconque, autre que la croix brodée en paillettes d'argent, qu'ils conservent sur le côté gauche de l'habit par devant, et sur le côté gauche par derrière.

M. le Dauphin, revêtu du costume et de tous les insignes, précédé des princes, des deux anciens chevaliers et des grands et petits officiers des ordres, s'est rendu dans la grande salle indiquée ci-dessus.

Il s'est placé dans un fauteuil, en avant du dais du Roi, entouré des princes du sang, des deux anciens chevaliers et des grands officiers.

Les chevaliers récipiendaires ont formé devant S. A. R. un cercle à quelque distance d'elle.

Le héraut d'armes a fait l'appel des récipiendaires.

M. le Dauphin s'est levé, a ôté son chapeau, puis l'a remis en tirant son épée, et a frappé successivement les deux épaules de chaque récipiendaire, en prononçant ces paroles : *Au nom du Roi, de par saint Georges et saint Michel, je vous fais chevalier.* Il a donné ensuite l'accolade à chaque chevalier.

Cette cérémonie s'est terminée à une heure et demie, et le Roi, peu de temps après, est arrivé processionnellement à la cathédrale, pour tenir le chapitre de ses ordres.

S. M. portait le manteau de l'ordre du Saint-Esprit; il est en velours noir, doublé de soie verte brochée d'or. Le surplus du vêtement du Roi était de drap d'argent. S. M. portait le grand collier de l'ordre du Saint-Esprit; elle était coiffée d'une toque de velours noir, surmontée d'une aigrette de héron.

Tous les chevaliers sont restés debout et découverts dans le chœur, jusqu'à ce que le Roi ait été assis sur son trône.

Après les révérences d'usage, les chevaliers de l'ordre ayant pris leurs places dans les stalles, les vêpres ont commencé.

Lorsqu'elles ont été terminées, S. A. R. Mgr. le Dauphin, sur l'invitation du grand-maître des cérémonies, après avoir fait les révérences d'usage, a été se placer sur le côté droit du sanctuaire, en bas et contre les marches de l'estrade du trône. Les princes, après avoir fait séparément les mêmes révérences, se sont successivement placés auprès de M. le Dauphin; les ducs de la Vauguyon et de Larochefoucauld ont été prendre place à côté des princes, après avoir fait tous deux ensemble les mêmes révérences. Le grand prévôt, maître des cérémonies, précédé du héraut et de l'huissier de l'ordre, a été chercher le Roi au trône du chœur, et l'a conduit aux marches du sanctuaire.

Le Roi a fait plusieurs révérences, accompagné du grand-maître des cérémonies et des deux officiers des ordres.

Puis S. M. est montée au sanctuaire et s'est placée sur le trône, après avoir fait une révérence en passant devant l'autel.

On a apporté aussitôt sur l'estrade du trône et devant le Roi un fauteuil tourné du côté de S. M. L'archevêque consécrateur est monté au trône et s'est assis dans ce fauteuil. On a placé devant le Roi *une table décorée des attributs de l'ordre.* Le commandeur secrétaire a présenté au Roi le serment écrit à la plume.

Le Roi a signé le serment.

L'archevêque s'est retiré et a été se revêtir de ses habits pontificaux.

Le grand-prévôt, maître des cérémonies, a été avertir S. A. R. M. le Dauphin, au bas du trône, de venir rendre hommage au

Roi : M. le Dauphin et les Princes du sang, ainsi que MM. les ducs de Larochefoucauld et de la Vauguyon montèrent chacun à leur tour les degrés du trône, fléchirent le genou et baisèrent la main du Roi.

Après cet hommage, Mgr l'archevêque de Reims a entonné le *Veni Creator*.

Pendant le chant de cette hymne, tous les chevaliers récipiendaires, à l'exception du prince de Castelcicala et du duc de San-Carlos, qui sont restés tous deux dans leurs stalles, sont descendus de chaque coté en même temps dans le chœur et sont venus former deux colonnes, l'une à droite, l'autre à gauche, elles se sont tournées en face l'une de l'autre et sont restées dans cette position. Dans le même moment les commandeurs ecclésiastiques récipiendaires se sont avancés de leur côté, de front dans le sanctuaire, et se sont placés en face du Roi.

Les récipiendaires ecclésiastiques avertis par le héraut d'armes se sont rangés sur une même ligne en face du Roi ; le commandeur chancelier des ordres s'est avancé sur le devant de l'estrade, a lu à haute voix la formule du *serment des commandeurs ecclésiastiques* et est retourné à sa place, près le Roi.

Les récipiendaires n'ont rien répondu dans ce moment, mais tout de suite ils sont montés sur l'estrade, ont fait une révérence au Roi, et se sont agenouillés sur des carreaux placés aux genoux de S. M.

Le chancelier des ordres a pris le livre des Evangiles, et l'a tenu ouvert sur les genoux du Roi. Les récipiendaires ont posé chacun leur main droite sur le livre, et ont prononcé : *Je le jure.*

Le serment prêté, le Roi a revêtu chaque récipiendaire ecclésiastique, savoir : les cardinaux, du *cordon bleu* arrangé en sautoir, avec la croix d'or de l'ordre, suspendue à la poitrine, et il leur a remis un *livre d'Heures* et le *Dixain*.

Ceux qui sont archevêques ou évêques, ou prélats, ont été revêtus par le Roi d'abord du *mantelet* ou *camail*, ayant sur le côté gauche la croix de l'ordre brodée en paillettes d'argent, ensuite du *cordon bleu* ajusté comme celui des cardinaux. Il leur a donné pareillement un *livre d'Heures* et le *Dixain*.

Ces insignes reçus, les commandeurs ecclésiastiques ont baisé la main du Roi. Ils ont ensuite signé sur une table préparée à cet effet à côté du trône.

Quatre de MM. les chevaliers ont été appelés par le héraut ; arrivés près de l'estrade du trône, et après plusieurs révérences, ils se sont agenouillés sur des carreaux placés aux pieds du Roi.

Alors le commandeur des ordres a placé le livre des Evangiles sur les genoux du Roi, et les quatre chevaliers récipiendaires ont posé la main droite sur le livre, et ont dit : *Je le jure.*

Le Roi a passé, après le serment, sur les habits des chevaliers, en forme de bandoulière, les cordons bleus, avec la croix d'or suspendue au bas.

S. M. a ensuite placé les colliers de l'ordre sur les manteaux, et a remis à chaque chevalier un livre d'*Heures* et un *Dixain*. Ces formalités remplies, les chevaliers ont signé ce serment, après avoir rendu hommage au Roi, comme grand-maître des ordres du Saint-Esprit et de Saint-Michel.

Le même cérémonial a été observé à l'égard des autres récipiendaires.

MM. le prince de Castelcicala et le duc de San-Carlos ont été invités par un officier des ordres à venir prêter serment entre les mains du Roi.

Cette dernière réception terminée, le Roi, sur l'invitation du grand-maître des cérémonies, a été s'asseoir sur son premier trône pour entendre complies. Pendant cet office, le Roi et les membres de l'ordre sont restés assis et couverts.

Les complies finies, les membres de l'ordre ont reconduit le Roi dans ses appartemens.

Le Roi a été accueilli, lorsqu'il a traversé la galerie de l'archevêché, pour entrer et sortir de la cathédrale, par les plus vives acclamations. Les trompettes des gardes-du-corps ont joué à ce moment des fanfares, et les tambours ont battu au champ.

Le 31 Mai.
VISITE DU ROI A L'HOPITAL DE SAINT MACROULD, ET AU BAZAR. = REVUE DE L'ARMÉE.

La journée du 31 a été digne de toutes celles qui l'ont précédée. Le Roi a montré, avec un nouvel éclat, son respect pour la religion, sa compassion pour le malheur, son amour pour son peuple et pour sa fidèle armée.

Le Roi, accompagné de M. le Dauphin, de Mme la Dauphine, de MADAME, duchesse de Berry, des ducs d'Orléans et de Bourbon, de M. le grand aumonier de France, de M. l'Evêque de Nancy, et des grands officiers de sa maison, est parti du palais à dix heures, pour aller, suivant l'antique usage, visiter l'hôpital Saint-Macrould, établissement consacré au traitement des malades affectés de maladies scrophuleuses.

Après avoir fait sa prière, le Roi est monté dans la salle Sainte-Agnès, où MM. Alibert, Dupuytren et Thévenot de Saint-Blaise, lui ont successivement présenté les malades.

Le Roi les a tous touchés, leur a adressé des paroles consolantes, et a fait renaître en eux l'espérance d'un plus doux avenir.

Toutes les sœurs de Saint-Macrould s'étaient rassemblées dans la salle des malades : elles se sont jetées aux pieds du Roi au moment de son départ, et lui ont demandé sa bénédiction. S. M., vivement émue par cette scène attendrissante, les a relevées avec bonté, et leur a donné à toutes sa main à baiser.

Le Roi , en quittant Saint Macrould·, a laissé des marques de sa munificence aux sœurs et aux malades. Les acclamations les plus vives ont accueilli S. M. à sa sortie.

S. M. suivie du même cortége, a été faire sa prière dans l'égli-se de l'ancienne abbaye de Saint-Remi. Après y avoir fait ses dévotions, le Roi est allé passer la revue des troupes du camp de Saint-Léonard, accompagné des Princes du sang, des maréchaux, du ministre de la guerre et d'un nombreux état-major. LL. AA. RR. Mme la Dauphine, MADAME, duchesse de Berry, Mme la duchesse et Mlle d'Orléans, suivaient en calèche, à quelque distance, S. M.

Les troupes avaient été disposées sur deux lignes, dont la droite s'appuyait aux tentes du camp. Jamais on n'avait vu un camp mieux disposé. Des piquets portaient le nom des rues. Toutes les tentes étaient entourées de petits jardins garnies de fleurs et dessinés avec une grande élégance. Des inscriptions étaient tracées en mousse verte sur des tertres de gazon dont le sommet était recouvert de sable jaune. A l'entrée de chaque rue, des colonnes recouvertes de gazon portaient les bustes du Roi et de M. le Dauphin. Les troupes étaient sous le commandement de M. le le maréchal duc de Bellune.

A midi et demi le Roi est arrivé au camp. Le cheval que montait S. M. était magnifiquement caparaçonné de larges broderies et des crépines d'or ressortaient sur un fond de velours écarlate. L'équipement du cheval de M. le Dauphin était aussi d'une élégance remarquable.

Le Roi a d'abord suivi le front de bandière, et est revenu en passant devant les rangs de la première ligne. S. M. a vu les troupes de la deuxième ligne en retournant se placer sous la tente qui avait été dressée pour elle à l'entrée du camp.

Le Roi avait accordé depuis peu de jours deux croix de la Légion-d'Honneur à chaque bataillon ou escadron présent au camp. Le Roi a fait appeler près de lui les 39 officiers et 39 sous-officiers ou soldats qu'il avait décorés, et il leur a remis lui-même leur décoration. Ces récompenses de la valeur et de la bonne conduite ont excité le plus vif enthousiasme dans le camp, dont on ne saurait trop louer la belle tenue et la discipline. Ces nouvelles grâces du Roi à son armée, qui lui a donné tant de preuves de zèle et de dévouement, ne pourraient qu'augmenter l'amour qu'elle lui porte, si toutefois cela était possible; elle sont aussi un hommage rendu à la justice de MM. les colonels, dont le choix seul a été consulté et suivi par le ministre de la guerre pour les présentations au Roi. Après cette imposante cérémonie, les troupes ont défilé devant S. M. La revue s'est terminée à trois heures. Toute la population de la ville et des environs s'était rendue sur les tertres qui bordent le camp; et le Roi est rentré en ville aux cris de *vive le Roi! vivent les Bourbons!* L'armée a mêlé ses acclamations à celles du peuple. On remarquait parmi les spectateurs un grand nombre d'officiers généraux étrangers.

A son retour du camp, le Roi avec toute sa suite s'est dirigé au Bazar établi depuis un mois au Boulingrin, en dehors de la porte neuve, la plus belle des promenades de Reims. Dans ce trajet, S. M. a traversé la place de l'Hôtel-de-Ville; là s'étaient réunis M. le maire et le corps municipal.

S. M. s'est ensuite rendue au Bazar, lorsqu'elle y est entrée, M. le maire, accompagné de tous les membres du corps municipal, lui a adressé un discours au nom du commerce de Reims.

S. M. a répondu qu'elle voyait avec beaucoup d'intérêt les produits de l'industrie de la ville de Reims, et des autres villes du département; qu'elle ferait tout ce qui dépendrait d'elle pour le succès des manufactures; qu'elle avait vu avec quel zèle les manufacturiers s'étaient empressés de concourir à cette exposition, et qu'elle chargeait M. le maire de leur en témoigner sa satisfaction. S. M., après avoir examiné dans le plus grand détail l'exposition, a passé en revue la garde nationale qui était rangée en bataille sur la promenade. Elle est rentrée à son palais à cinq heures.

Le Ier Juin.

Le Roi et la Famille royale sont partis ce matin à neuf heures de Reims pour Compiègne, où S. M. et LL. AA. RR. doivent arriver pour dîner.

Il n'est aucun détail de l'auguste consécration du monarque, qu'un Français ne puisse lire sans éprouver une vive et profonde émotion. Ces promesses, ces sermens prononcés en face des autels, et qui sont déjà écrits dans les Cieux, ont tous pour objet le bonheur de la patrie. Toutes ces promesses seront observées, tous ces sermens seront tenus : Charles X est un Roi loyal et pieux. Avant son sacre, sa loyauté nous défendait la crainte; depuis son sacre, nos espérances ne sont pas accrues; elles ont acquis seulement plus de solidité; l'honneur et la religion se sont embrassés dans le sanctuaire de Reims; le livre de la Charte a touché le livre de l'Evangile qui lui a communiqué en quelque sorte sa divine immutabilité.

VIVE LE ROI !

TROYES, IMPRIMERIE DE Ve ANDRÉ.

www.ingramcontent.com/pod-product-compliance
Lightning Source LLC
LaVergne TN
LVHW051133060726
842526LV00006B/2035